LETTRE

A

M. KELLER

PARIS

IMPRIMERIE DE L. TINTERLIN ET C°

Rue Neuve-des-Bons-Enfants, 3.

LETTRE

A

M. KELLER

PAR

EDMOND ABOUT

PARIS

E. DENTU, LIBRAIRE-ÉDITEUR

PALAIS-ROYAL, 13 ET 17, GALERIE D'ORLÉANS

1861

LETTRE

A M. KELLER

MONSIEUR,

L'Alsace n'a pas besoin de « me dresser une statue, » puisque le plus éloquent de ses députés a bien voulu m'élever tout vivant sur un piédestal de gros mots, dans l'enceinte même du Corps-Législatif.

J'étais absent, Monsieur, lorsque vous m'avez honoré de cette marque de haine. Je me promenais innocemment dans Paris, ignorant du danger, comme les orateurs du gouvernement, que vous n'aviez pas avertis. C'est le lendemain du discours, en lisant *le Moniteur*, que j'ai pu admirer les grands coups d'épée que vous m'allongiez par derrière, conformément aux lois de l'escrime ecclésiastique. Peste ! vous attaquez vaillamment ceux qui ne sont pas là pour se défendre ! Mais je ne suis pas mort, grâce aux Dieux, et je viens à la riposte sur le terrain que vous-même avez choisi.

Maintenant que nous sommes face à face, avec trente-huit millions de Français pour témoins, vous plaît-il de régler à l'avance les conditions du combat ? Ce soin ne serait pas inutile, car il est à présumer que nous voilà aux prises pour

longtemps. Nous sommes jeunes l'un et l'autre. J'adore la
Révolution aussi sincèrement que vous aimez la réaction ;
j'ai foi dans l'avenir comme vous dans le passé ; nous
sommes également convaincus que toute transaction est
impossible entre nos deux partis, et que l'un doit tuer
l'autre. Tuons-nous donc, s'il vous plaît, dans un style par-
lementaire, comme il sied aux honnêtes gens. Laissons aux
goujats des deux armées le vocabulaire des halles et de
l'Univers. Promettez-moi de ne plus m'appeler ni *pamphlétaire,* ni *calomniateur indigne,* et de ne plus dire, à
partir de ce moment, que mes écrits vous *dégoûtent.* Con-
sentez à me nommer par mon nom, lorsque vous me ferez
l'honneur de parler de moi, et perdez l'habitude de voiler
ma personnalité sous des périphrases injurieuses. Le Saint-
Père, qui vous vaut bien, m'a imprimé en toutes lettres
dans le *Journal de Rome* : cela vous prouve qu'on peut
dire M. About sans tomber en enfer. En échange de la
courtoisie que je réclame, je vous promets, Monsieur, de
discuter avec vous en homme bien élevé. Je ne vous ap-
pellerai ni sectaire, ni fanatique, ni jésuite, ni même ul-
tramontain, car tous ces mots, tombés dans le mépris
public, sont devenus de véritables injures. Vous serez toujours M. Keller, et même, (puisque le gouvernement
impérial a obtenu pour vous un mandat de député), l'honorable Monsieur Keller.

Ceci posé, Monsieur, j'entre de plain-pied dans la défense et j'essaie d'écarter l'une après l'autre les nombreu-
ses accusations dont vous m'avez chargé.

Vous ne trouverez pas mauvais que je discute un peu
cette savante périphrase par laquelle il vous a plu de rem-
placer les deux syllabes de mon nom : « Un pamphlétaire
qui a le malheur d'employer son esprit à dénigrer tous les

lieux qui lui ont donné l'hospitalité ! » Pamphlétaire? nous avons promis de ne plus nous injurier ; je passe donc condamnation. Ce n'est pas que je méprise un genre de littérature honoré par le courage d'Agrippa d'Aubigné, de Voltaire, de Paul-Louis Courier, de Cormenin et de quelques évêques. Je repousse le mot parce que c'est un gros mot, mais je ne méprise aucunement la chose. Attaquer les abus, plaider pour la justice et la vérité, terrasser les monstres de la tyrannie et de la superstition, ce n'est pas démériter de l'estime des hommes. Hercule, dont l'antiquité a fait un dieu, était un pamphlétaire qui ne savait pas écrire. Lorsqu'il écrasa d'un seul coup les sept têtes de l'hydre, il fit en gros ce que j'essaie en détail. Les apôtres chrétiens, que vous approuvez sans doute, quoique vous ne les imitiez pas, étaient des pamphlétaires ambulants qui poursuivaient en tout lieu les vices du paganisme, comme je pourchasse les abus du catholicisme vieilli.

C'est pourquoi je vous pardonne de m'avoir lancé le nom de pamphlétaire dans le feu d'une improvisation étudiée. Mais je regrette sincèrement, pour votre réputation de clairvoyance et d'équité, que vous ayez pu voir en moi un pamphlétaire ingrat.

J'ai reçu la plus gracieuse hospitalité dans quelques grandes villes de France, à Marseille, à Bordeaux, à Dijon, à Grenoble, à Rouen, à Dunkerque, à Strasbourg. Lorsque vous trouverez le temps de parcourir les premiers chapitres de *Rome contemporaine*, vous verrez comment j'ai dénigré Marseille et les Marseillais. Si jamais vous ouvrez un petit livre intitulé *Maître Pierre*, vous reconnaîtrez que je n'ai pas payé d'ingratitude le bon accueil et la franche cordialité des Bordelais. Je ne désespère pas de m'acquitter un jour, dans la mesure de mes moyens, envers les autres villes où j'ai trouvé des esprits sympathiques et des cœurs ouverts ; en attendant, je m'abstiens religieusement de critiquer les hommes qui m'ont accueilli.

J'ai été l'hôte de la France en Grèce et en Italie. A l'école de Rome, aussi bien qu'à l'école d'Athènes, je me suis efforcé d'acquitter ma petite dette envers notre patrie en lui apprenant un peu de vérité. Je ne devais rien aux Grecs, ni aux Romains, qui ne me connaissaient pas, sinon pour m'avoir coudoyé dans la rue. Cependant, comme j'avais touché du doigt leur oppression et leur misère, j'ai pris sur moi de les défendre contre deux détestables petits gouvernements. Informez-vous en Italie : on vous dira si je passe pour un ennemi du peuple italien. Un philhellène éminent, M. Saint-Marc Girardin, a publié dans les *Débats* un panégyrique du peuple grec, découpé avec des ciseaux dans la *Grèce contemporaine.* Il faut être plus Bavarois que Sa Majesté le roi Othon pour voir en moi un ennemi de la nation hellénique. Je la connais, donc je l'aime ; j'ai étudié son gouvernement, donc je la plains. Le jour approche où elle s'affranchira de ses entraves, comme la nation italienne. Je n'attendrai pas jusque-là pour me placer aux premiers rangs de la presse, à la tête de ses défenseurs. Si c'est faire un acte d'ingratitude que de défendre les opprimés qu'on a rencontrés en chemin, je fais vœu d'encourir le même reproche partout où l'on me donnera l'hospitalité.

Je ne suis pas l'hôte de la ville de Saverne, quoiqu'elle m'abrite fort agréablement, comme vous l'avez dit, pendant la belle saison. Acheter une propriété rurale auprès d'une jolie petite ville de province, s'y établir en famille, la cultiver et l'embellir avec soin, occuper toute l'année un certain nombre d'ouvriers, donner l'aumône aux pauvres, appuyer de son crédit les gens dans l'embarras, faire de sa bibliothèque un cabinet de lecture à l'usage des habitants, attirer chez soi un certain nombre de voyageurs et d'artistes, répandre au loin la réputation d'un pays admirable et trop peu connu, enfin, Monsieur, faire retentir par votre bouche, au sein du Corps législatif, le nom d'une modeste sous-préfecture, est-ce bien là ce qu'on appelle recevoir l'hospitalité? Lorsque les plus honorables habitants de Saverne me font l'amitié de s'asseoir à ma table, je suis leur hôte, il est vrai, mais dans le sens actif du mot que vous avez dit.

J'estime infiniment la population de l'Alsace en général et de Saverne en particulier. Depuis bientôt trois ans que j'ai dressé ma tente dans ce petit coin des Vosges, j'ai eu le temps d'apprécier la bonhomie des mœurs, la solidité des dévouements, la naïveté des courages. Rien ne manque à ces gens-là, qu'une excellente administration. Il ne m'appartient pas de la leur donner ; mais toutes les fois qu'on les brutalise un peu, il m'appartient de les défendre. Je le fais, ils le savent, et s'il est vrai que quelques-uns vous ont fourni contre moi des armes rouillées et hors de service, ce n'est pas moi qui suis un ingrat, mais eux.

L'ingratitude, Monsieur, est un vice honteux, et nous nous entendrons toujours, vous et moi, sur ce point de morale. Je ne suis pas un chrétien parfait, et il m'est difficile de pardonner une injure ; mais, en revanche, il m'est impossible d'oublier un bon office. Si vous voulez me convaincre d'ingratitude, ne cherchez pas dans mon passé ; il est pur. Attendez qu'un gouvernement crédule me recommande ou m'impose au choix des électeurs ; que vingt-cinq mille honnêtes Alsaciens, trompés par mon attitude et mes déclarations, m'envoient au Corps législatif pour y défendre la politique impériale ; que j'accomplisse mon mandat en sens inverse et que je tourne contre le gouvernement les armes qu'il m'aura confiées lui-même. Si jamais vous me prenez à jouer ce jeu-là, je n'aurai plus qu'à baisser la tête et à subir comme un honteux toutes les récriminations que votre conscience pourra vous dicter.

En attendant ce triste jour, qui ne luira jamais sur mon front, vous vous rabattez sur une accusation que je croyais désormais impossible : vous affirmez, après M. Veuillot, M. Dupanloup et quelques publicistes de la même école, que j'ai écrit sur Rome un livre calomnieux. Hélas! Monsieur, ne sortirons-nous donc jamais de cette polémique expéditive? Croyez-vous encore, à votre âge, qu'un dossier plein de faits, un réquisitoire appuyé de mille preuves se puisse réfuter par un gros mot? Depuis deux ans et plus que j'ai publié la *Question romaine*, vous avez eu, vous et les vôtres, autant de loisir qu'il en fallait pour contredire mes assertions. Comment ne s'est-il pas trouvé dans votre camp un champion assez dévoué pour défendre pied à pied le terrain que je disputais au Saint-Père? C'est une tâche difficile, mais bien digne de vous, Monsieur, qui êtes plein de zèle et de patience. Essayez-la ; vous vous ferez plus d'honneur qu'en proclamant les droits problématiques d'un maire et d'un sous-préfet. Prouvez-nous qu'on n'a point séquestré le petit Mortara, qu'on n'a pas ravi à M. Padova sa femme et ses enfants; qu'il y a des lois à Rome et qu'il ne s'y commet point de crimes ; que le clergé n'y a jamais opprimé le peuple ; que les moines y sont laborieux et chastes ; que les libertés, les sciences et les vertus découlent du trône pontifical comme de leur source naturelle. Prouvez que j'ai menti en disant que trois millions d'Italiens supportaient impatiemment la domination des prêtres. Mais peut-être est-il un peu tard, maintenant que tous les sujets du

Pape ont manifesté par leurs actes les sentiments que j'osais leur prêter.

Non, Monsieur, je n'ai pas calomnié le Saint-Père en disant que ses sujets aspiraient à la liberté. J'en atteste l'histoire des deux dernières années, et le cri de soulagement qui s'est élevé à Bologne, à Ancône, à Pérouse et dans toutes les villes affranchies ! J'atteste l'éloquence des faits, plus irrésistible encore que la vôtre ! J'atteste enfin cette sourde et infatigable doléance qui s'élève en murmurant au-dessus de la grande capitale opprimée, et que tous les vents de l'horizon emportent chaque jour vers les princes équitables et les peuples généreux !

J'ai dit la vérité, la triste vérité, comme je l'avais vue et touchée du doigt dans les plaies saignantes d'un peuple martyr. Mon livre était irréfutable ; il l'est encore, il le sera toujours, tant qu'il restera dans un coin de l'univers un laïque en puissance de prêtre. Croyez-vous donc que votre parti m'aurait voué cette haine mortelle si j'avais dit autre chose que la vérité ? Non, Monsieur ; si vos amis avaient pu me prendre en faute, vous ne seriez pas réduit à la triste nécessité de me dire des injures dans une discussion du budget au Corps Législatif. On m'aurait écrasé depuis longtemps sous le poids de mes erreurs les plus légères, et le parti clérical, triomphant de ma sottise, me saurait un gré infini de lui avoir fait si beau jeu. Mais j'ai frappé juste, et voilà mon crime. J'ai arraché la clef de voûte de la vieille prison, et c'est pourquoi j'ai maille à partir jusque dans Saverne avec tous les amis du geôlier.

Nous ne sommes pas encore assez liés, Monsieur, pour que je vous raconte en détail les trois ans que j'ai passés en Alsace. Il me suffira de rectifier les erreurs involontaires où vous êtes tombé, faute de renseignements vrais,

Que n'en demandiez-vous aux personnes de votre famille qui sont établies dans le pays ? La bonne madame Keller, votre spirituelle et respectable tante, M. Henri de Juilly, votre cousin, ont assisté à toute l'affaire, et j'ai trouvé en eux, jusqu'à la fin, les plus fidèles et les meilleurs amis. Mieux que personne, ils pouvaient vous mettre en garde contre les dénonciations inexactes de mes ennemis, qui sont les leurs.

Vous vous êtes laissé persuader (tant est grande la candeur de votre âme!) qu'après avoir égorgé le Souverain temporel de Rome, j'avais jugé très-utile et très-urgent de compléter l'hétacombe en immolant un maire et un sous-préfet. Sûr de l'impunité, confiant dans l'appui d'un gouvernement qui pousse à la destruction des maires, des sous-préfets et des papes, j'avais complété l'œuvre de la question romaine en publiant trois feuilletons dans ce journal maudit qui s'appelle *l'Opinion nationale !*

Il est bon de vous apprendre, Monsieur, que la *Question romaine* a paru la veille du départ de nos soldats pour l'Italie. C'était, si j'ai bonne mémoire, au printemps de 1859. Les trois feuilletons que vous incriminez, et qui sont (permettez-moi de vous le dire) au nombre de deux, portent la date du 23 février et du 20 mars 1861. Vous voyez que si le succès de mon premier crime m'a stimulé à en commettre un second, il ne m'a pas stimulé bien vite.

On vous a d'ailleurs mal renseigné sur l'heureuse et facile publication de la *Question romaine*. Le livre avait été imprimé en Belgique ; il ne s'est pas distribué en France pendant « des semaines » ni même pendant une semaine. On ne l'a pas saisi « quand l'édition tout entière était vendue. » L'édition était de 12,000 exemplaires ; nous n'en avons pu faire entrer que 4,000. Vous vous trompez donc des deux tiers. Si je n'avais pas été plus précis ni plus vrai dans les attaques que j'ai dirigées contre le Pape, vos amis et vous-même auriez eu bientôt fait de me réfuter. Vous regrettez que les tribunaux ne m'aient pas répondu par une bonne condamnation. On vous avait promis de me faire un procès, le procès n'a pas eu lieu, et cela vous scandalise. Mais rappelez-vous que le délit d'impression, si toutefois il y a jamais eu délit, s'était commis à l'étranger. Apprenez que le délit de publication avait été commis en France par un éditeur exilé à Bruxelles, et votre haute sagesse comprendra pourquoi « l'on n'a plus entendu parler du procès. »

Si ces informations ne vous suffisaient pas et s'il fallait absolument vous donner le fin mot de cette vieille histoire, je vous rappellerais que les procès de librairie sont le plus souvent des questions d'opportunité. A l'exception des ouvrages obscènes, la plupart des livres ne sont saisis et poursuivis que parce qu'ils ont paru trop tôt. Il fut un temps où c'était un crime de lèse-religion que de traduire la Bible en langue vulgaire. Aujourd'hui l'on admire les traducteurs de la Bible, on les plaint même un peu, et personne ne les poursuit plus. Dieu sait au milieu de quels dangers Pascal a fait imprimer *les Provinciales*, que l'Etat met aujourd'hui entre les mains des écoliers. Rappelez-vous les précautions sans nombre dont Voltaire entourait la publication de ses écrits : tous les éditeurs de notre temps sont libres de réimprimer Voltaire. Le même fait se reproduit à toutes les époques, pour les plus modestes auteurs aussi bien que pour les plus grands. Témoin votre humble serviteur et cette même *Question romaine* qui se vend aujourd'hui sans réclamation chez tous les libraires de France. Elle ne scandalise plus personne, elle n'étonne

plus personne, et pourquoi? Parce que le temps a marché ;
parce que les vérités qu'elle annonçait sont devenues pres-
que banales; parce que les faits qu'elle racontait ne sont
plus ni contestés ni contestables. Et je me plaîs à remar-
quer que vous-même, dans le réquisitoire dont vous m'avez
accablé, vous n'avez pas demandé pourquoi le gouvernement ne saisissait plus la *Question romaine*.

Mais revenons à cette jolie ville de Saverne, où vous
avez établi, un peu légèrement, votre base d'opérations. Je
suis prêt à vous raconter, *ab ovo*, cette mémorable que-
relle « qui a attristé l'Alsace, qui l'a blessée dans son hon-
« neur, qui s'est terminée par un abus de pouvoir inouï
« dans nos annales judiciaires. »

Il y a dix mois environ, lorsqu'on renouvela les conseils
municipaux dans tous les départements de la France, je
me présentai comme candidat aux électeurs de Saverne.
Vous dire les raisons publiques et privées qui m'avaient ins-
piré cette ambition modeste, serait peut-être un peu trop
long. Je me présentai tout seul, après avoir sollicité vai-
nement l'appui de l'administration.

Je vous laisse le plaisir de vous expliquer à vous-même
pourquoi M. le maire de Saverne me refusa l'hospitalité de
la liste officielle. Cet honorable fonctionnaire est cousin du
sous-préfet, qui est beau-frère de M. de Heckeren, qui est,
suivant votre belle expression, « un de ces courageux sé-
nateurs qui défendent le Saint-Siége. » Le zèle qui vous
pousse aujourd'hui à plaider la cause de ces Messieurs,
nous dit assez quelles sont leurs opinions politiques et
religieuses. Une sympathie des plus touchantes les unit à
M. le préfet du Bas-Rhin. Tout se tient et s'enchaîne dans
notre département, et c'est le cas d'admirer le doigt de la
Providence. Que vous ayez reçu vos informations de Sa-

verne ou de Strasbourg, c'est tout un. Avouez, Monsieur,
que l'Empereur est heureux de pouvoir compter sur des
fonctionnaires qui s'entendent si bien entre eux et avec
vous !

La population ne marche pas dans le même sens, à
moins qu'on ne la pousse; mais on sait la pousser quand
il le faut : on sait même pousser en prison, pour le bon
exemple, un pauvre distributeur de bulletins malsonnants.
Cependant les Savernois ne manquent pas de courage. Je
ne me présentais pas devant eux comme vous êtes venu
devant les électeurs du Haut-Rhin. On ne prêchait pas
pour moi dans les églises; on prêchait même contre moi.
On ne disait pas au peuple de la ville : « Voici un homme
dévoué au gouvernement; si vous voulez faire un vrai ca-
deau à l'Empereur, votez pour notre candidat ! » Il se
trouva pourtant à Saverne, et même dans votre famille,
Monsieur, des électeurs assez hardis pour me donner leur
voix; et j'arrivai bon vingt-quatrième sur une liste de
vingt-trois.

Je comptais sur un meilleur résultat; et, ne riez pas de
ma superstition, j'ai cru longtemps que j'avais été victime
d'un miracle. Vous me comprendrez assurément, vous qui
avez la foi. Il était six heures du soir; on venait de clore
le scrutin. Monsieur le maire ouvrit une grande boîte de
sapin, bien et dûment scellée, qui renfermait les volontés
du peuple et l'avenir du conseil municipal. Mon cœur bat-
tit. On se mit à compter les bulletins, comme on avait
compté les votants. O prodige ! Les bulletins était en majorité. Oui, Monsieur, il se trouva dix bulletins de plus
qu'il n'était venu de votants. J'ai vu cela de mes yeux,
moi qui vous parle. J'ai vu même à Strasbourg le conseil de
préfecture, saisi d'une protestation en règle contre ce trop-

plein du suffrage universel, déclarer que la multiplication des bulletins, quoique miraculeuse en elle-même, n'était pas de nature à invalider une élection.

A dater de ce jour, le vainqueur, c'est-à-dire l'autorité locale, appliqua à tous mes amis, sans excepter vos parents, un axiome de droit provincial que les Romains résumaient en deux mots : *væ victis*! Les petits sbires de la mairie me favorisèrent de trois ou quatre procès-verbaux dans la même semaine. Mon cousin-germain, Paul About, aujourd'hui brigadier au 3ᵉ régiment d'artillerie, fut traduit en justice pour avoir tué un pinson sur un arbre avec un de mes pistolets. Le tribunal de Saverne, ce tribunal que vous accusez bien injustement de complaisance envers moi, condamna le pauvre garçon à l'amende et à la confiscation de l'arme, sans oublier les frais du procès. Votre cousin, à vous, M. de Juilly, architecte inspecteur du château de Saverne et père de trois beaux enfants qui sont vos neveux à la mode de Bretagne, fut dénoncé à Paris par les soins de M. le sous-préfet. On l'accusa d'avoir manqué de politesse envers le premier fonctionnaire de l'arrondissement, et il serait peut-être destitué à l'heure qu'il est, si un excellent homme, d'infiniment d'esprit, M. de X..., chef de division au ministère de Z..., n'avait mis la dénonciation dans sa poche. Allons, Monsieur ! retournez au Corps législatif et dénoncez cet abus de pouvoir ! Demandez de quel droit M. de X... s'est permis de sauver un père de famille, et de votre famille? De quel droit il a coupé la vengeance sous le pied de « cet infortuné sous-préfet? » Rassurez-vous, cependant : la dénonciation de l'*infortuné* n'a pas été tout à fait perdue. Elle a arrêté une augmentation de traitement qui était promise depuis une année à votre cousin, M. de Juilly.

Je vous ai confessé, Monsieur, que j'adorais la justice ;
c'est une passion malheureuse dans certains départements.
Toutefois, les décrets du 24 novembre et la loyauté avec
laquelle je les vis exécuter à Paris, me rendirent un peu de
courage. Je publiai un de ces trois feuilletons, c'est-à-dire
un de ces deux feuilletons : où diable avez-vous trouvé le
troisième ? Je publiai, dis-je, au bas de *l'Opinion nationale*, un feuilleton léger dans la forme, assez sérieux dans
le fond, comme la plupart des choses que j'écris. Je sup-
pose que vous l'avez lu, puisque vous en parlez ; le troisième est le seul dont vous ayez parlé sans avoir eu l'ennui
de le lire. Mais si vous avez parcouru ce petit travail sur les
libertés municipales, si vous ne vous l'êtes pas fait résumer
par vos amis de Saverne ou de Strasbourg, je m'étonne
que vous ayez pu y trouver « d'indignes calomnies contre
la vie publique et privée de M. le maire de Saverne. » J'ai
commencé par discuter très-raisonnablement la question
électorale ; j'ai montré que les pouvoirs les plus heureux étaient quelquefois trompés en cette matière par
e zèle de leurs préfets ; j'ai fait allusion à la candidature
officielle d'un honorable député du Haut-Rhin qui vous
touche de bien près ; j'ai prouvé par votre exemple qu'un
gouvernement

> . . . . rencontre sa destinée
> Souvent par les chemins qu'il prend pour l'éviter.

Après quoi, comme il me paraissait inutile de gar-
der le ton sérieux durant plus d'un quart d'heure, je me
suis mis à crayonner la caricature d'une élection municipale. Pour amuser mes lecteurs et moi-même, j'ai fait une
collection de traits épars dans les journaux, dans les dis-

cours de la Chambre, dans les protestations adressées au conseil d'État, enfin dans mes souvenirs personnels. J'ai réuni le tout au sein d'une ville imaginaire nommé Schlafenbourg; j'ai inventé un maire appelé Jean Sauerkraut, en français, Jean Choucroûte; un sous-préfet bigot, du nom d'Ignatius, un candidat grotesque qui ne me ressemble pas plus par le caractère et la figure que vous ne ressemblez à Démosthènes par l'improvisation. De quel droit, s'il vous plaît, me reconnaissez-vous dans le personnage de ce Gottlieb? Sur quoi vous fondez-vous pour affirmer devant les représentants de la France que cet Ignatius est le sous-préfet de Saverne, que ce Jean Choucroûte est le maire de la ville? Voulez-vous donc les tuer par le ridicule, et ne vous suffit-il pas de les avoir compromis par votre patronage?

Mais avant de pousser plus loin, permettez que je m'arrête en admiration devant une de vos phrases. « Cet infortuné maire Choucroûte, avez-vous dit, dont le nom seul est une insulte à notre agriculture! » Ai-je insulté l'agriculture française, et les planteurs de choux vont-ils me demander raison? Mais moi-même, Monsieur, je suis planteur de choux. Si jamais vous vous arrêtiez à Saverne et si vous me faisiez l'honneur de dîner à la Schlittenbach avec M. de Juilly votre cousin et Mme Keller votre tante, on vous servirait de la choucroûte fabriquée chez nous. De la choucroûte excellente, et nullement susceptible, et qui ne se croit pas insultée par une innocente plaisanterie. Le chou, Monsieur, ne peut qu'être honoré d'un rapprochement qui le met au rang des autorités municipales. Qu'allons-nous devenir si les légumes eux-mêmes nous attaquent en diffamation? Lorsque M. Louis Veuillot, votre maître en l'art de bien dire, a comparé les phi-

losophes à des navets, on a pensé qu'il traitait légèrement
la philosophie ; mais nul on n'a trouvé qu'il insultât l'a-
griculture française dans la personne du navet !

Aucun agriculteur ne réclama contre mon premier article, le seul dont un passage ait été incriminé par la suite.
Aucun maire ne s'en plaignit dans le premier moment, pas
même M. le maire de Saverne. Vous nous montrez, Monsieur, cet honorable fonctionnaire « n'écoutant que la voix
de sa conscience » et courant à la justice comme au feu.
Permettez-moi de vous faire observer qu'il attendit depuis
le 23 février jusqu'au 30 mars pour déposer sa plainte !
Cinq semaines de réflexions ! n'est-ce pas étonnant, d'un
homme « indignement calomnié ? »

Que s'était-il donc passé dans l'intervalle ? Avais-je arraché le masque de Sauerkraut pour montrer au public la
figure d'un maire vivant ? Tout au contraire : dans un
deuxième feuilleton, le feuilleton du 20 mars, j'avais ra-
conté que plusieurs petites villes reconnaissaient leur maire
dans la personne de Sauerkraut. Le fait est, Monsieur,
que nombre de citoyens m'avaient écrit de divers départements : « C'est moi qui suis Gottlieb, et notre maire
est le vrai Sauerkraut ! » J'ai eu l'honneur de mettre ce
dossier sous les yeux de M. le juge d'instruction du tribunal de Saverne.

Mais pourtant il s'était produit quelque fait nouveau ?
Peut-être avais-je « cruellement blessé l'honneur de vingt
familles » comme vous l'avez dit éloquemment, par cette
figure de rhétorique qu'on appelle hypothèse gratuite ?
Non, Monsieur, je n'avais blessé l'honneur d'aucune famille dans les deux articles qui ont paru. Si j'ai été assez
malheureux pour commettre le crime dont vous m'accusez,
cela ne peut être que dans le troisième feuilleton. Pour

celui-là, je vous le livre, je vous l'abandonne, il m'est impossible de le défendre contre vous, attendu qu'il n'a jamais existé. Et dans quel intérêt, je vous prie, aurais-je
blessé cruellement l'honneur de vingt familles? Est-ce que
la politique la plus élémentaire ne me commandait pas de
mettre le peuple de mon côté? D'ailleurs, je connais peu
la vie privée de mes voisins les plus proches. Lorsqu'on
travaille autant que je le fais, on n'a pas le loisir de s'inté-
resser aux méchants bruits de la province. Y a-t-il en Alsace quelques ménages scandaleux, quelques fortunes mal
acquises, quelques familles enrichies par la concussion
ou par la contrebande? C'est à vous que je le demanderai,
car je n'ai jamais arrêté mon attention à ces curiosités lo-
cales.

Cependant une plainte en diffamation fut déposée contre
moi. Le fait est exact, et je suis aise de trouver enfin dans
votre discours une parole conforme à la vérité. Une plainte
fut déposée, et voici comme :

La Société anonyme des Amis de Rome, cette sainte
alliance si puissante pour le bonheur de l'Alsace et que
vous représentez si brillamment au Corps-Législatif, s'ima-
gina, après cinq semaines de réflexion, qu'elle avait trouvé
le défaut de ma cuirasse.

Un paragraphe de mon premier feuilleton disait que Jean
Sauerkraut (et non M. le maire de Saverne) ne serait
pas fâché de faire passer un boulevard au travers de son
jardin. Personne ne pouvait se tromper sur cette allusion
transparente à l'un des vices les plus généraux de notre
époque. D'ailleurs, j'avais eu soin d'ajouter moi-même,
pour l'édification des esprits paresseux : « Jean Sauerkraut n'est pas le seul qui raisonne ainsi, dans ce siècle
d'expropriations, de démolitions et de boulevards. »

C'est par là que je pensai être pris; ou du moins c'est par là, Monsieur, que vos amis pensèrent me prendre. Ils se rappelèrent que, longtemps avant mon arrivée dans la commune, le conseil municipal avait agité certain projet de rue qui perçait le jardin et démolissait la maison de M. le maire. Inutile de vous dire que le maire de Saverne avait repoussé avec toute l'énergie du désintéressement une démolition qui menaçait de l'enrichir. On répéta durant cinq semaines, à cet « infortuné, » que j'avais contesté sa vertu dominante; on le supplia de me poursuivre et d'attaquer aussi *l'Opinion Nationale ;* on lui promit qu'il serait soutenu à Saverne, à Strasbourg, à Colmar, à Paris même, par cette faction puissante dont vous êtes, Monsieur, le glorieux orateur. On finit par lui inspirer une demi-confiance, et s'il n'osa pas se porter partie civile, il s'enhardit au moins jusqu'à déposer la plainte que vous savez.

Je ne crois point vous étonner, Monsieur, en vous disant que je courais certains risques. Non que la magistrature française soit capable de ces honteuses complaisances qu'il vous a plu de lui imputer; mais s'il est impossible de corrompre ou d'intimider nos juges, ils sont hommes après tout. Lorsqu'un maire et un sous-préfet qu'ils estiment, qu'ils aiment, qu'ils fréquentent tous les jours de l'année dans l'intimité la plus étroite, viennent se plaindre d'un journaliste obscur et qu'ils ne connaissent que de vue, comment ne seraient-ils pas prédisposés à juger sévèrement les choses? Je dois pourtant cette justice au tribunal de Saverne qu'il ne se laissa pas entraîner légèrement par les préventions si douces et si excusables de l'amitié. Il ouvrit une enquête, il manda une fourmilière de témoins, ce qui ne s'était pour ainsi dire jamais vu dans une affaire de presse. Il ne se décida à lancer une assignation qu'après avoir entendu tous les amis du maire, tous les amis du sous-préfet, toutes les personnes de votre honorable parti, Monsieur, répéter unanimement et comme un mot d'ordre cette formule sacramentelle : « Nous avons reconnu M. le maire de Saverne dans le portrait de Jean Sauerkraut.

Vous l'avouerai-je cependant? ma confiance était telle dans mon bon droit et dans l'impartialité des magistrats, que j'attendais, sans trop de soucis, l'heure de la justice. Au lieu d'invoquer l'appui de quelques princes du barreau, comme M. Jules Favre ou M. Ernest Desmarets, j'avais confié ma cause à un tout jeune avocat de mes amis qui a plus de cœur et de talent que de réputation et d'expérience. Je préparais la défense avec lui lorsque le coup de foudre dont vous avez parlé nous étonna nous-mêmes et nous donna cette secousse que les physiciens désignent par le nom de *choc en retour*. Le maire de Saverne avait retiré sa plainte! Le tribunal n'avait plus aucune raison de nous poursuivre, et le procès n'avait pas lieu.

Par quelles raisons un fonctionnaire municipal, « indignement calomnié dans sa vie publique et privée » avait-il renoncé à sa vindicte personnelle? Voilà, Monsieur, ce que je ne me charge point de vous expliquer. Celui qui lit dans les consciences connaît seul les motifs qui ont décidé le maire de Saverne. Je ne sais, quant à moi, que deux explications, celle que les amis de M. le maire ont répandue dans toute l'Alsace, et celle que vous avez donnée vous-même au Corps-Législatif.

La première des deux affecte une couleur légendaire qui ne satisfait pas complétement la raison. Mais vous savez que l'Alsace est encore éclairée par la lueur mystérieuse des légendes. Le garde champêtre se penche à l'oreille du

paysan et lui dit : « Monsieur le maire était allé à Paris
« pour assister à un mariage. Il dîna aux Tuileries, comme
« tous les maires de Saverne lorsqu'ils sont de passage dans
« la capitale; son couvert se trouva mis, selon l'ordre hiérar-
« chique, à la droite du prince Napoléon. —Mon cher ami,
« lui dit le prince, après avoir trinqué deux ou trois fois,
« vous avez entamé un procès bien juste assurément, mais
« qui va supprimer *l'Opinion nationale.* — En effet, ré-
« pond le maire; c'est pour me venger de M. About qui
« m'a causé des contrariétés. — En cela vous avez bien
« raison, dit le prince, mais cette condamnation me fera
« du tort. Je ne vous ai donc jamais dit que j'avais placé
« dix millions dans ce diable de journal? — Dix millions?
« — Pas un liard de moins. Vous serez dans votre droit,
« je l'avoue, mais enfin votre vengeance va me coûter cher.
« — J'aime mieux y renoncer, dit le maire. Entre gens
« comme nous! — Vous êtes bien bon, répond le prince.
« Et à charge de revanche! — Bien entendu. »

Nous ne discuterons pas cette tradition orale, quoiqu'elle
ait fait, depuis le 24 mai, un assez joli chemin en Alsace.
Rabattons-nous plutôt sur la vôtre, Monsieur, et voyons si
vous n'avez pas péché contre la vraisemblance, le jour où
M. le comte de Morny ne vous reprocha qu'un léger manque de loyauté. J'ai le droit de supposer que toutes vos
paroles étaient pesées à l'avance, puisque la raideur in-
flexible de votre improvisation ne vous permit pas même
de relever le démenti d'un ministre. Cela étant, comment
n'avez-vous pas craint de faire concurrence au génie rêveur
de nos gardes champêtres? Comment osez-vous nous montrer le ministre de l'intérieur suppliant ou sommant un
maire de retirer une plainte? Depuis quand les ministres
de l'Empereur ont-ils contracté l'habitude de supplier mes-

seigneurs les maires? Ils ne supplient pas même messieurs
les évêques : ils les invitent à modérer leurs plaintes lorsqu'elles font trop de tapage dans le pays. Vous qui êtes
un homme d'imagination, Monsieur (car vous imaginez
beaucoup de choses), vous représentez-vous bien M. le
comte de Persigny dans une attitude suppliante, em-
brassant les genoux cagneux d'un gros maire provincial?

Qu'on le somme de retirer sa plainte, c'est une hypothèse un peu moins invraisemblable, et pourtant aucun
homme pratique ne voudra l'admettre avec vous. A quoi
bon recourir aux sommations, lorsque le plus léger aver-
tissement suffit? Je n'écoute pas aux portes des ministres,
et je ne sais pas même si le maire de Saverne a été admis
à paraître devant M. de Persigny. Mais soyez assez bon
pour supposer un instant avec moi qu'un fonctionnaire
inhabile en matière de comptabilité municipale ait touché,
dépensé, payé des sommes assez rondes, sans songer à les
faire inscrire par le receveur de la commune ; supposez
que cet honnête maladroit ait encouru quelque réprimande
par ignorance ou par oubli des principes élémentaires de
l'administration. On ne veut point le punir, car il n'est
coupable que d'incapacité, mais on ne veut pas non plus le
proposer pour modèle à tous les maires de l'empire, en lui
donnant droit de vie et de mort sur les journaux où il
croit lire une critique de sa gestion. « Désistez-vous, lui
dira-t-on, et si vous voulez que nous soyons indulgents,
commencez par nous donner l'exemple. Ce n'est qu'aux
hommes sans péché qu'il appartient de jeter la pierre. »
Voilà, Monsieur, le langage équitable et chrétien que je
vous conseille de tenir à vos maires, quand vous serez ministre de l'intérieur.

En ce temps-là, Monsieur, je serai encore au nombre des

journalistes, car l'habitude d'écrire la vérité est de celles qu'on ne perd point aisément. Quand vous aurez le pouvoir en main, quand on aura créé pour votre usage des tribunaux complaisants, libre à vous de venger sur moi le Pape de Rome et le maire de Saverne ! Vous pourrez vous donner le luxe de « montrer sur les bancs de la police correctionnelle » ce petit bout de ruban rouge que je porte avec orgueil, parce que je l'ai laborieusement mérité. Mais ne vous flattez pas : il vous sera, même alors, plus facile de nous condamner que de nous flétrir, et les bancs de la police correctionnelle deviendront les siéges de la justice, quand vous serez les accusateurs et nous les accusés !

J'ai répondu, si je ne me trompe, à toutes vos personnalités, moins une. Il ne m'appartient pas de défendre le gouvernement après M. le président du conseil d'État, ni de plaider la cause de la révolution, que M. Emile Ollivier a si noblement défendue. Il ne me reste donc plus qu'à vous expliquer, à vous et à beaucoup d'autres, « cet article sans « nom qui vous a ému d'indignation et de dégoût, cet ar- « ticle dans lequel j'ai insulté, non-seulement les mal- « heurs du Saint-Siége, mais l'honneur de notre armée « de Crimée, mais la dignité même du trône ; cet article « dans lequel je suis venu vous vanter les délices et les raf- « finements du despotisme païen sous le nom de vous ne « savez quel fils légitime de la révolution française. »

« Mais que veut-on dire par là ? » daignez-vous ajouter à cette équitable tirade. Je vais vous expliquer, Monsieur, ce que j'ai voulu dire par là.

Je m'exerce à la critique d'art, et je publie ce qu'on appelle un *salon*, pour la troisième fois de ma vie. Pour rompre la monotonie d'un sujet qui n'est jamais très-varié par lui-même, j'ai cru qu'il serait intéressant d'y glisser de temps à autre, à propos d'un marbre ou d'une peinture, quelques portraits à la plume. La mode des portraits écrits étant passée depuis longtemps, je me figurais que le moment était peut-être venu de les remettre en usage. C'est un travail assez ingrat, car il prend un temps infini et les lecteurs ne nous tiennent pas toujours compte des efforts que nous avons faits. Ainsi, j'ai débuté par un portrait, que dis-je? par deux portraits de M. Guizot, et je parie, Monsieur, que vous ne les connaissez point. Lisez-les, je vous en prie; ils vous montreront dans quel esprit j'ai commencé ce genre d'études, et vous serez moins étonné ensuite lorsque nous arriverons au prince Napoléon.

« Delaroche a peint l'homme dans son plein; le ministre triomphant et plus roi que le roi; l'orateur qui écrasait l'Opposition de tout le poids de son mépris, le doctrinaire qui improvisait pour les besoins du moment des théories cyclopéennes. Ce portrait semble dire à la multitude, du haut de la tribune souveraine : « Agitez-« vous, criez, accusez, réclamez des droits imaginaires! Je suis sûr « de mes principes et de ma majorité; je protége les intérêts et les « intérêts m'appuient. La bourgeoisie est derrière moi, l'exemple « de l'Angleterre est devant moi, l'autorité de la vertu est en « moi! »

« C'est un beau portrait, cet ouvrage de Paul Delaroche. Médiocrement peint, mais d'une ressemblance superbe!

« Que les temps sont changés! Voici le portrait de M. Baudry. Les déceptions et les malheurs, plus encore que les années, ont ridé cette noble tête, creusé ce front olympien. Ces yeux ont vu tomber un trône qu'on croyait fondé solidement sur la justice et la vérité. Ces oreilles ont entendu les lamentations de l'exil; elles ont appris des morts aussi terribles qu'imprévues. Les foudres de l'adversité sont tombées comme une grêle de feu sur ces rares che-

veux gris. Ces mains puissantes ont laissé échapper le sceptre
qu'elles pensaient tenir jusqu'à la mort. Les petites misères, quelquefois plus insupportables que les grandes, ont essayé d'achever
ce vieillard. Il a vu le marteau des démolisseurs s'abattre sur la
maison où il avait élevé ses enfants. Le boulevard Malesherbes a
rasé le petit jardin où il préparait ses discours et construisait le
plan de ses livres. Triste, triste vieillesse! encore verte pourtant et
bien vivante. Le corps paraît un peu cassé, mais les morceaux en
sont bons, Dieu merci! L'œil est vif et profond, la main ferme et
nerveuse; le cœur est toujours vaillant dans l'amitié et dans la
haine. Le cerveau pense, raisonne et veut.

« M. Guizot n'est plus un homme d'État en activité de service,
mais il est encore, il sera longtemps un historien, un publiciste,
un mécontent, un chef de parti, un drapeau. A-t-il renoncé à la
politique? il renoncerait plutôt à la vie. Nous le reverrons sans
doute à la tribune, dès que la tribune sera relevée. En attendant,
il s'amuse à l'Académie comme Charles-Quint à Saint-Just : il re-
monte de vieilles horloges et s'applique à les faire marcher en-
semble. A quoi songe-t-il dans ce fauteuil où M. Baudry l'a peint
en maître? est-ce qu'il médite son traité d'alliance avec le domini-
cain Lacordaire? Est-ce qu'il prépare un discours aux protestants
en faveur du pouvoir temporel? Songe-t-il à flétrir la corruption
électorale? ou à réclamer pour nous cette liberté de la presse qu'il
ne nous a jamais donnée? En tout cas, soyez certains qu'il n'a rien
oublié, rien abdiqué, et que ces admirables mains, si elles ressai-
sissaient le pouvoir, nous conduiraient encore sans trembler jusqu'au
fond de l'abîme. »

Vous avez lu? merci. Et maintenant, Monsieur, faites-
moi l'honneur de me dire quelle intention j'avais, selon
vous, en écrivant ce portrait? Vous semble-t-il que j'aie
voulu mettre en saillie la supériorité du pouvoir absolu sur
l'équilibre constitutionnel? Ou que j'aie cherché à émouvoir
la compassion de mes lecteurs au profit d'une cause perdue? Ai-je préparé le retour de M. Guizot aux affaires

publiques ? Ai-je conseillé à l'Empereur de le choisir pour
ministre ? Peut-être mon intention était-elle, au contraire,
de tenir les ministres en garde contre un ambitieux de
soixante-dix ans ? Cet article, — ce fragment d'article, —
est-il un manifeste orléaniste ? ou une profession de foi bo-
napartiste ? ou un réquisitoire indirect contre les intrigues
de l'Académie française ? Rien de tout cela, Monsieur.
Votre bon sens vous le dit clairement, parce que le sujet
n'est pas de ceux qui excitent les passions violentes et
aveuglent la raison des partis. Vous comprenez, sans que
je vous l'explique, que cet assemblage de détails vrais n'a
pas d'autre intention, pas d'autre prétention, pas d'autre
ambition, que de représenter au vif la figure de M. Guizot
avec ses ombres et ses lumières. C'est une œuvre d'art,
bonne ou mauvaise, suivant le goût du lecteur. Placez-la,
si le cœur vous en dit, au rang des amplifications de col-
lége, ou même à la hauteur des tapisseries en chenille que
les demoiselles exécutent dans leur couvent, ou même au
niveau de ces sculptures patientes qu'un galérien taille à
coups de canif dans une noix de coco : je ne chicanerai
point sur la qualité de l'ouvrage, pourvu que vous recon-
naissiez avec moi que ce portrait n'est qu'un portrait.

Tâchez d'être aussi juste pour celui du prince Napoléon. Étudiez-le, nonobstant « l'indignation et le dégoût »
que vous avez étalés devant la Chambre ; mais surtout
étudiez-le de bonne foi, comme je l'ai tracé. Souvenez-
vous que c'est une œuvre d'art, et pas autre chose, et ne
vous amusez point à chercher des queues de serpent à
sonnettes où l'auteur n'en a pas mis.

Le voici, ce portrait, non pas exactement tel que vous
l'avez lu dans *l'Opinion*, mais tel que je l'ai écrit et en-
voyé au journal :

« Si tous les documents de l'histoire contemporaine venaient à périr, la postérité retrouverait dans ce cadre le prince Napoléon tout entier. Le voilà bien, ce César déclassé que la nature a jeté dans le moule des Empereurs romains, et que la fortune condamne à se croiser les bras sur les marches d'un trône : fier du nom qu'il porte et des talents qu'il a révélés, mais atteint au fond du cœur d'une blessure invisible, et révolté secrètement contre la fatalité qui pèse sur lui ; aristocrate par l'éducation, démocrate par instinct ; fils légitime et non bâtard de la Révolution française ; né pour l'action, condamné peut-être pour toujours à l'agitation sans but et au mouvement stérile ; affamé de gloire, dédaigneux de la popularité vulgaire, sans souci du qu'en-dira-t-on, trop haut de cœur pour faire sa cour au peuple ou à la bourgeoisie, suivant la vieille tradition du Palais-Royal.

« C'est bien lui qui sollicitait l'honneur d conduire les colonnes d'assaut au siége de Sébastopol, et qui est revenu à Paris en haussant les épaules, parce que la lenteur d'un siége lui paraissait stupide. C'est lui qui, par curiosité, par désœuvrement, pour éteindre un peu les ardeurs d'une âme active, est allé se promener, les mains dans les poches, au milieu des banquises du pôle Nord, où sir John Franklin avait perdu la vie. C'est lui qui a pris d'un bras vigoureux le gouvernement de l'Algérie, et qui l'a rejeté avec dégoût parce que ses mouvements n'étaient pas tout à fait libres. C'est lui qui, hier encore, au Sénat, s'est placé d'un seul bond au rang de nos orateurs les plus illustres, écrasant la papauté comme un lion du Sahel écrase d'un coup de griffe une victime tremblante, puis tournant les talons et revenant à sa villa de la rue Montaigne, où l'on respire la fraîcheur la plus exquise de l'élégante antiquité. Si M. Flandrin a laissé dans l'ombre un côté de cette noble et singulière figure, c'est le côté artistique, délicat, fin, florentin par où le prince se rapproche des Médicis. On pouvait, si je ne me trompe, indiquer par quelque trait les grâces de cet esprit puissant, délicat et mobile qui étonne, attire, inquiète, séduit sans chercher à séduire, et enchaîne les dévouements autour de lui, sans rien faire pour les retenir. »

Je vous ai loyalement averti que ce texte n'était pas tout à fait celui que vous avez lu dans l'*Opinion*. Il s'en faut de seize mots, qui ont été ajoutés au dernier moment sur l'épreuve, et ce mode de correction *in extremis* ne vous étonnera point si vous avez quelque notion des nécessités du journalisme et de la responsabilité des rédacteurs en chef.

Ceci posé, dites-moi, je vous prie, si ce portrait est une apothéose? Pas plus qu'une satire. J'ai esquissé de mon mieux les qualités et les défauts d'un homme que je connais peu, avec qui j'ai causé cinq ou six fois, que je n'ai pas vu face à face depuis une année environ. C'est une peinture incomplète, si j'ai omis quelque trait d'ombre ou de lumière : ce ne sera jamais, quoiqu'il vous ait plu de le proclamer devant la chambre, un tableau dégoûtant. Reprochez-moi, si vous voulez, la témérité de ma plume ; dites qu'il ne sied pas à un homme qui n'est rien de distribuer aux grands l'éloge et le blâme; ajoutez qu'on s'expose ainsi aux jugements les plus faux et les plus injustes : vous avez le droit de me le dire après me l'avoir prouvé. Où donc avez-vous vu que « j'insultais aux malheurs du Saint-Siége? » J'ai rappelé le succès d'un discours éloquent; cela n'offense que les orateurs manqués. Comment ai-je « insulté l'honneur de notre armée de Crimée? » Exactement comme j'ai insulté l'agriculture dans le feuilleton de Sauerkraut. Ai-je « insulté la majesté du Trône » en disant que les uns s'asseoient dessus, et les autres à côté? Est-ce « vanter les délices et les raffinements du despotisme païen » que d'admirer sur parole une petite maison romaine où je ne suis jamais entré, quoiqu'on m'ait fait l'honneur de m'y inviter une fois?

Que le monde est méchant, Monsieur! Je ne crains pas

de m'en ouvrir à vous, qui êtes un homme du monde. Il s'est rencontré dans votre parti des esprits assez mal faits pour prétendre que j'attaquais la famille d'Orléans dans ce qu'il y a de plus délicat et de plus sacré. J'égratigne en passant la politique du vieux Palais-Royal, la plus bâtarde que la Révolution ait portée dans ses flancs, et vos amis affectent de trouver dans ce mot de bâtard un outrage monstrueux contre une famille exemplaire !

J'ai dit. Si votre attention m'a suivi jusqu'au bout de cette plaidoirie, agréez mes remercîments, et même permettez-moi de reconnaître tant de longanimité par une modeste récompense : un conseil, un bon conseil, que je tenais en réserve pour vous l'offrir à la fin.

M. le baron de Reinach vous a interrompu l'autre jour par un mot profond : « Parlez en votre nom ! vous a-t-il dit ; ne parlez pas au nom de l'Alsace ! » Les journaux alsaciens soutiennent la même thèse depuis le commencement de la semaine, et semblent persuadés que ce n'est pas l'Alsace qui parle par votre voix. Je suis sûr que vous-même, dans le silence du cabinet, tout en martelant vos improvisations du lendemain, vous songez avec un fin sourire à ces pauvres électeurs qui vous ont réchauffé dans leur sein. Et la conscience, que dit-elle ? La logique doit aussi vous rappeler de temps à autre que le propre d'un représentant est de représenter ceux qui l'ont élu. Si du moins vous représentiez ceux qui vous ont fait élire ! Mais non.

Croyez-moi donc, Monsieur, n'attendez pas les élections

générales pour rajeunir votre mandat. Allez vous retremper dans le suffrage universel et revenez invulnérable comme Achille! plus invulnérable que lui! car Achille avait été plongé dans l'eau de Styx par le préfet du Haut-Rhin, ce qui permit au malin Pâris de le blesser au talon.

FIN.

www.ingramcontent.com/pod-product-compliance
Lightning Source LLC
Chambersburg PA
CBHW060811280326

41934CB00010B/2651